AF612607

Texto
João Terranova

Capa
David Nilton

Diagramação
Célio Campos

CIP - Brasil. Dados internacionais para Catalogação
(Câmara Brasileira do Livro, SP, Brasil)

Terranova, João, 1972
A Lenda do Corpo Seco / João Terranova 1 Ed.
Brasília - DF, 2021

ISBN 978-65-00-31155-6
Coleção: Contos e Lendas Brasileiras
82-91 CDD — 398.5

Índice para catalogação sistemática

1. Literatura de cordel 398.5

A LENDA DO CORPO SECO

João Terranova

A LENDA DO CORPO SECO

Das histórias do folclore,
Eu ouvi meu avô contar,
Capelobo, curupira,
Negro - d'água, boitatá,
Saci e lobisomem,
Também outras de arrepiar.

Ouça agora meu leitor,
Esta que vou lhe contar,
Que se deu num povoado,
Do sertão do Ceará.
E se o cabra for medroso,
É capaz de se borrar.

Em uma pequena choça,
De taipa, sapê e barrão,
Ali morava uma senhora,
Com seu filho Zé Magão,
Vivendo às duras penas,
Naquele pobre sertão.

Ela sempre a labutar,
Plantando fava e arroz,
Pra fazer o misturado,
O prato baião-de-dois,
Plantava, regava, colhia...
Sem deixar para depois.

Bem diferente dela,
Era seu filho Zé Magão,
Não aluía uma palha,
Nem um prego no sabão,
Mas pra obrar o que é mal,
Ele tinha disposição.

Praticava toda sorte,
De ato de covardia,
Humilhava a pobre mãe,
Às vezes até batia,
Roubava também o povo,
E se reclamasse ele dizia:

— Pode vim que já tô pronto,
Não arredo o meu pé não!
Se vier bulir em mim,
Mando logo o meu facão!
No espinhaço de nego,
Pois não tenho compaixão!

Mas de tudo isso ainda,
De sua maldade era pouco,
Não passava um só dia,
Sem causar algum estorvo,
Espia só o que ele fez,
Ao vendeiro, Seu Astolfo.

Ele quis tomar fiado,
Uma doze de aguardente,
O velho não lhe vendeu,
Pois lograva toda gente,
Zé Magão puto da vida:
— Deixe está seu insolente!

Tirou o couro do sapo,
E torrou lá no braseiro,
E do pó que apurou,
Pós na cama do vendeiro,
O velho ficou então,
Empolado de cobreiro.

Mas de tudo isso ainda,
De sua maldade era pouco,
Jogava nos poços alheios,
Carcaça de bicho morto
E não cabia de contente,
Com a mazela do povo.

Assim muitos queriam,
Dar fim a Zé Magão:
– Esse cabra do inferno,
Não vale um só tostão,
Vou já, já, encaminhá-lo,
À sua morada com o cão!

Porém sua pobre mãe,
Por ser bondosa e serena,
Sempre o protegia,
Pois tinha muita pena,
Embora ele não valia,
Sequer uma Cibalena.

Até que um certo dia,
Zé Magão adoeceu,
Sua mão veio a secar,
E o osso apareceu,
Tomado então de bernes,
Por fim ele morreu.

Numa rede em uma vara,
Seu corpo foi transportado,
Ao cemitério do Morro,
Que estava abandonado,
Em uma cova medida,
Zé Magão foi enterrado.

Neste exato momento,
O jumento relinchou,
Coruja e anu-preto
A cidade circundou,
Já nas serras da caatinga,
O urutau até chorou.

Uma energia macabra,
Pôs-se então a reinar,
Os açudes e os roçados,
Começaram a secar,
E os animais do campo,
Começaram a definhar.

Os pastos antes verdes,
Tudo agora estorricados,
Ossadas de jumentos,
Vacas e bois encruados,
E a morte se espalhou,
No sertão de cabo a rabo.

E a coisa ficou feia,
Feia mesmo de doer,
Pois só plantas de rapinas,
O chão tinha a oferecer,
Era palma e macambira,
O que tinham para comer.

O povo ficou acuado,
Sem mel e nem cabaça,
O que tinha pra mistura?
Cuandu assado na brasa,
E a coisa só piorando,
Devido à seca lascada.

O povo do sertão,
Estava pedindo era arrego,
Com os mortos encruados,
Coisa horrorosa mesmo!
— Isso é malassombro!
— Disse o velho Azevedo.

Mandaram chamar vigário,
Espíritas e feiticeiros,
Recomendador das almas,
Raizeiros, benzedeiros,
Beatos e pais-de-santo,
De tudo quanto era terreiro.

Mas de nada adiantava,
Despacho nem simpatia.
Que abatesse a maldição,
Daquela triste sesmaria,
Foi então que apareceu,
O coveiro Zé Cutia:

— Estava eu caminhando,
No cemitério abandonado,
Vi um bicho zoiúdo assim,
Rompendo paro o meu lado,
Então pus sebo nas canelas,
Pra fugir do desgramado.

O coisa-rúim que eu vi,
Quem vê não esquece não,
Tinha os dentes encavalados,
Um filho da danação!
Bicho feio, asqueroso,
A própria imagem do cão!

— Eu também lhe digo agora!
Atalhou seu Aderaldo,
— Antonte ao acordar,
Com os grunhidos do capado,
E lá estava o bicho em pé,
Seco, duro, encruado!

— Eu também cheguei a ver,
— Falou dona Rosália,
— Seco que nem graveto,
Rompendo nas coivaras,
Mondrongo vei de fei,
Coberto de mortalhas!

— Mas o que eu dei de ver.
— Disse então Dona Geralda,
— Era Magro, encurvado,
Com uma inhaca desgraçada,
Fedia mais do que macaco,
Morto a bofetada!

— Curuis, Dona Geralda!
— Exclamou Dona Jaci,
— Mas esse que você viu,
É diferente do que eu vi,
Parecia uma caveira,
Feio mesmo a riviri!

— Eu também vi o dito-cujo!
Exclamou Zeca Leitão,
— Eu aprumei minha garrucha,
E baleei o bicho do cão!
O que for que seja aquilo,
Não é deste mundo não!

— Esse que eu avistei,
— Exclamou o Zé Tobó,
— Tinha as canela fina,
Parecendo um socó!
Com uma lapa de pescoço,
Feio mesmo de dá dó!

Um velho índio eremita,
De nome Véi Curandeiro,
Homem sábio e entendido,
Deu o seguinte conselho:
— O que está acontecendo?
Digo agora sem rodeios!

— O que vem causando,
Esta grande desolação,
É nada mais, nada menos,
Que o finado Zé Magão,
Pois o céu o rejeitou!
E a terra o vomitou!
Pois herdou a maldição.

— Só podia ser mesmo coisa,
Do finado, Zé Magão,
Pra ser então rejeitado,
Até mesmo pelo cão,
E nem depois de morto,
Não dá sossego não!

— Segundo diz os antigos,
Que quem tem mau coração,
Bate no pai ou na mãe,
Recebe uma maldição,
Vira então um corpo seco,
O morto-vivo do sertão!

O cerco mata a presa,
Sugando as seivas corporais,
Quer seja jovem ou velho,
Não poupa nem os animais,
Da vítima só sobra mesmo,
A carcaça e nada mais!

As relvas já não têm viço,
Tampouco sumo correndo,
Pois tudo o que o cerco toca,
Vai logo perecendo,
E o sertão nordestino,
Aos poucos está morrendo.

O cerco é assassino,
Cuja ocupação é matar,
Que só vai embora mesmo,
Depois que tudo sugar,
Indo pra outros roçados,
Para a morte espalhar.

Porém o corpo seco,
Não gosta de água não,
Cavem regos em volta,
Da casa e da plantação,
Encham os regos de água,
Pra conter a assombração!

Pegue também sal grosso,
Sete-sangrias, manjericão,
Arruda e chifre queimado,
E pise tudo no pilão,
Espalhe em volta das taipas,
Pra espantar a aparição!

A sequidão lambia toda,
A vida da caatinga,
Com o tempo não restava,
Sequer uma cacimba,
Só touças afogueadas,
Ficando só as quimbas.

Ora, havia certo homem,
Cabra valente do sertão,
Que dizia pra todo mundo,
Ser descendente de lampião,
E jurou pra todo o povo:
Vou dar fim à assombração.

Seu nome, Zé Calango,
Homem rústico do capão,
E tomava uma cachaça,
Que né só triscando, não,
E tinha o ranço forte,
Do cangaço do sertão.

Zé Calango foi assim,
Fazer os preparativos,
Municiou sua espingarda,
E colocou-a no burrico,
No jacá uma moringa,
Também ovos cozidos.

Se despediu do povo,
O qual lhe pôs a ofertar,
Água-benta e erva-santa,
Mel e azeite do Pará,
E embrenhou-se no cerrado,
E nunca mais se ouviu falar.

Devotos de Santa Bárbara,
Com votos e penitências,
Recomendador das almas,
E cantador de excelências,
Iam de casa em casa,
Fazendo oferendas:

— Venho a esta casa,
Trazendo esta unção,
Deus te salve casa santa,
Na divina comunhão.

— Rezemos um padre-nosso,
Todos alegres e contentes,
Padre-nosso, ave-maria,
Pelas almas dos penitentes.

— Trago para você,
Esta rama de alecrim,
Junto com óleo bento,
Do Senhor do Bom fim.

— Trago para você,
Esta rama de quaresmeira,
Plante junto a tua roça,
E também na sua eira.

— Trago para você,
Esta espada-de-são-jorge,
Pra espantar os maus espíritos,
E também o ranço da morte.

— Trago para você,
Estas varas de marmelo,
Ponha junto às tuas portas,
Para aplacar o flagelo.

Depois de um certo tempo,
Olha quem apareceu!
Nosso herói, o Zé Calango,
E do burrico ele desceu,
E o povo curioso:
— O que foi que aconteceu?

— Ah, eu nem lhes conto,
A peleja foi de lascar!...
— Pois abrevia homem!
Que se deu nas bandas de lá!
— Espera eu tomar fôlego!
Que já, já vou lhes contar.

Estava eu caminhando,
Por entre o capoeirão,
Quando a fé suntei uns piados:
Curi! Curi! Curi! Curião!
"Será um porco - do - mato?"
— Pensei com os meus botão.

E fui rompendo trecho,
Pelas piçarras do sertão,
Com os papoucos das mamonas,
Estalando com o calorão,
Quando a fé vi uma visage,
Em meio à vegetação.

Lá entre os garranchos,
Parecendo um bicho-pau,
Olha assim de esguelha,
Que nem um urutau,
Armando a emboscada,
Pra dá o bote mortal!

Eu fiz o sinal da cruz,
Também uma oração,
E água-benta nos couros,
Buscando à proteção,
Aí quando olhei de novo,
Não vi mais nada não.

Aí, lá pelas tantas,
Vi um pé de castanheira,
Me aninhei debaixo dela,
E fiz uma fogueira,
Tomei um traço de pinga,
Pra aliviar a canseira.

Já na boca da noite,
Acordei de supetão,
Com galhos estalando,
Em meio à escuridão,
Será um gato-do-mato?
Ou será assombração?

Eu firmei então a vista,
E notei bem acolá,
Rompendo pelas coivaras,
Troço feio de lascar,
Com certeza é o corpo seco,
Vindo pra me pegar!

De repente estava eu,
Frente ao cerco imundo,
Tinha a boca escancarada,
mondrongo, sujismundo
Com os zói travado assim,
Coisa mais feia do mundo!

E rompeu para o meu lado,
Criatura rápida, voraz!
E soltou o bote ligeiro,
Que quase me pegou, rapaz!
A valência é que fui rápido,
E dei um salto pra trás!
Vice!
Eu baleei então o bicho,
Que ficou desaprumado,
Mas mesmo ainda troncho,
Veio bufando pro meu lado,
Eu estralei o meu chicote,
No lombo do desgramado.

Continuei a atirar,
Mas não surtia efeito não,
E a coisa só piorando,
Pois fiquei sem munição!
Lasquei-lhe a pinga na cara,
Pra cegar o bicho do cão!

Eu peguei então o fosco,
E joguei no corpo seco,
A labareda então subiu,
Com um fedor de carbureto,
O bicho estorricou-se
Ficou só o tição preto.

— Hun, Hun!... fizeram o povo,
Não acreditando não,
Achando que a história,
Era pura embromação,
Zé Calango bodejou:
— Acham que é invenção?!

Que me segue do sovaco!
Se estou mentindo então,
Espia só o que eu tenho aqui,
Vê se não é um dedão!
Pois tirei do corpo seco,
Para dar comprovação.

Mas aquilo que dizia,
Se tratar de um dedão,
Estava mais é parecendo,
Um pedaço de carvão,
Mas por dúvidas foi eleito,
O grande herói do sertão.

O sertão nordestino,
Outrora de muita fartura,
O que se plantava colhia,
E não faltava mistura,
Mas devido à aparição,
Sofre até hoje o sertão,
Na mais triste secura.

Até hoje na quaresma,
Se ouve a procissão,
Recomendador das almas,
Com candeeiros nas mãos,
Recomendando os defuntos,
Pra não virar assombração.

Assim crianças e adultos,
Ouçam com atenção,
Quem maltrata pai ou mãe,
E não recebe correção,
Vira então um corpo seco,
O morto-vivo do sertão.

O Andarilho

Composição: **João Terranova**

Tom: D

(Intro) F6/D Bb C11/G Dm A7 (2X)

D E
Uh Uh Uh Uh Uh
F G D
Uh Uh Uh Uh Uh
D E
Uh Uh Uh Uh Uh
F G D
Uh Uh Uh Uh Uh

C D
Ouço um grito ao longe
C D
Rasgando o silêncio demente
C G
Temores vagos decadentes
D
Ame devorar

C D
A relva virou o meu leito
C D
A noite cedeu seu luar
C G
Partes de mim se dispersam
D
Qual brumas no mar

G/D F/C D5- D
G/D F/C D5- D

D E
Uh Uh Uh Uh Uh
F G D
Uh Uh Uh Uh Uh
D D
Uh Uh Uh Uh Uh
F G D
Uh Uh Uh Uh Uh

D4/A D D/A- D

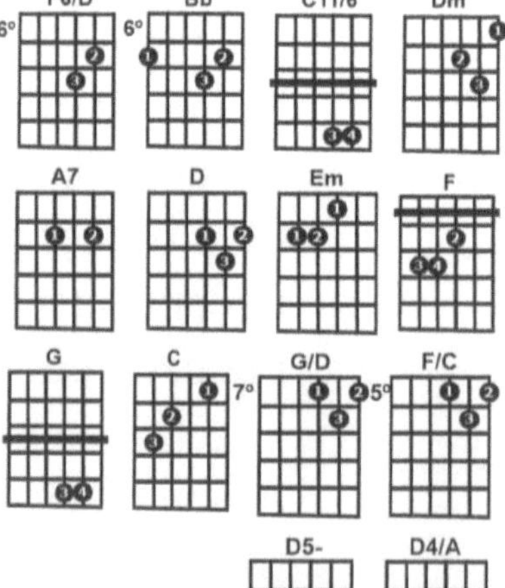

Esta música encontra-se no site www.cifraclub.com.br

João Terranova

Editor, Produtor Cultural e Amigo da Escola. Nasci em Brasília - DF. Desde criança eu já gostava e ouvir as histórias e os causos contados pelos mais velhos. Ainda mais quando tecidos por palavras rústicas, vestidos da simplicidade do sertão. E é com estas palavras, como que talhadas em pedras em meio a espinhos que apresento a coleção: Contos e Lendas Brasileiras.

O autor

www.ingramcontent.com/pod-product-compliance
Ingram Content Group UK Ltd.
Pitfield, Milton Keynes, MK11 3LW, UK
UKHW042006190726
13854UKWH00005B/2192

9 786500 311556